AF347191

DIPTYQUE

Par Francis Vielé-Griffin

Paris. Mars 1891.

a ma chère petite femme —

Francis

DIPTYQUE

Par Francis Vielé-Griffin

Paris. Mars 1891.

ÉPIGRAPHE

... « Parmi la tendance déclive et la pente où roulent
les choses, quand toute voix s'élève pour réclamer
une nouvelle voie ferrée, une loi nouvelle — pour
pousser la vente des actions — pour célébrer un chan-
gement dans la mode ou quelque innovation dans la
prothèse dentaire — pour solliciter la salubrisation des
logements ou souhaiter une reprise plus énergique des
affaires — pour prôner un candidat ou activer la répar-
tition d'un héritage — ; ne pouvez-vous tolérer, en ce
pays, deux ou trois solitaires voix parlant d'idées et de
principes, de choses qui ne se vendent ni ne s'achètent,
de choses immortelles ?

Vos progrès mécaniques et vos inventions seront
bientôt dépassés ; vos modes, le souvenir même en
sera mort, demain ; vos cités, la dévastation des guerres
y passera ou celle plus cruelle des démolisseurs, leur
commerce émigrera vers d'autres bords, sur elles, qui
sait ? les flots des mers pourront déferler ; — mortes,
toutes vos vanités et dispersées, comme les coquillages
aux gallets des falaises — colonies sans cesse renaissantes
pour la Mort à jamais avide. Mais les pensées que ces
quelques Solitaires s'efforcent de proclamer par leur
silence autant que par leur parole, par leurs absten-
tions autant que par leurs actes, demeureront en leur
beauté forte pour se reformer dans la Nature et s'in-
vestir à nouveau d'un limon plus noblement doué,
peut-être, et plus heureusement pétri, uni — par delà
le désaccord d'aujourd'hui — dans l'harmonie du sys-
tème universel. »

RALPH WALDO EMERSON.

LE PORCHER

Ici, parmi les chênes,
L'ombre est un miroir étrange
De rêveries
Et toutes les fleurs sont telles qu'elles vivent
De vieilles vies
Pensives ;
Et quand je songe, en regardant les plaines,
Là-bas, qui roulent par de-là les branches, basses
Comme une frange,
Il passe des cortèges d'heures oubliées
— Ou presque — car voici que je suis vieux :
Elles passent
Vers les collines ensoleillées
Comme en chantant,
Comme des filles et des jouvenceaux,
Et je ferme les yeux ;
D'ici, parmi les troncs
Verdis de mousse douce étrangement,
Debout, je suis le gai jeu des rayons
Aux dos noirs de mes pourceaux
Fouillant en bas, parmi les feuilles mortes,
De telles sortes
Que, souvent,
Je dois sourire, je crois,
En songeant que je fus un autre en l'autrefois.

Avant le soir où je m'en fus par les chemins
— Le cœur battant plus haut que le galop du bai —
Mon père était dur et lâche et courbé
Sous le jeune joug que lui faisaient les mains
De l'autre qu'il mena quand ma mère fut morte :
Je pris ma part heurtant derrière moi sa porte
Et galopai dans la nuit vers la Vie et la porte
Sonnait de son heurt en mon cœur qui battait
Comme un galop d'escorte.

Des voix,
 Aussi,
Me viennent de là-bas,
Ou passent chuchoteuses parmi les feuilles...:
L'autrefois,
Nous avions erré toute la nuit
De seuils en écueils

Moi, semeur d'or, et ceux-ci,
Couples de joie et de bruit,
Vers la liesse des feuilles ;
Seul j'étais seul, malgré qu'à mes deux bras
Pesait — à peine — un rire de tendresse
Et frissonnait, à mes genoux, leur robe;
Las, nous vînmes vers l'orée, à l'aube:
Derrière nous, la ville hors la brume émerge
Et s'éploie en dômes d'or
Et se dresse

En minarets de feu
Ou tombe, de terrasse en terrasse,
Vers la mer — blanche ville en sa grâce —
Et, devant moi, l'éveil mystérieux de l'ombre
— Où j'ai marché depuis des jours sans nombre,
Dont j'ai vêtu mon âme vierge,
Où mon cœur dort.

Il semble que c'est hier que je les ai quittés
Avec leurs rires et l'ivresse de toutes chairs
Et tout l'éveil des dômes et leurs gaités
Et toutes les rides argentines des mers...

Parfois, au printemps, quand l'églantier neige
Et que l'on craint de fouler quelque amour
En l'herbe neuve
Et qu'on entend hennir
Des cavales sur la route où court
La poussière avant qu'il pleuve,
Je crois encor les entendre venir
Guettant, entre les branches, leur cortège
Et je m'apprête à tout leur dire, aussi
— Joyeux de tout leur dire, ainsi :
Ma vie et tout le calme de mon âme
Parmi les chênes et l'odeur de la sève
Et les paisibles animaux
Et toute la forêt qui chante et brâme ;

Et mon cœur bat et cherche les vieux mots
Que je faisais chanter selon mon rêve,
Je les redis tout bas
Mais — cherchant dans mon souvenir —
J'ai peur qu'ils ne comprennent pas,
Alors j'ai peur de les voir revenir.

Là, près de l'églantier,
Entre ces derniers chênes
En arceau sur le sentier
Qui tombe, de là-haut, sur l'autre côte
(Si bien que l'on croit, d'ici, qu'il mène au ciel
Et ses clartés prochaines)
C'était Lise la dévote,
Tantôt,
Et Marc le bel ;
— Ils se vêtaient de même soie
On riait tout le jour de leur querelle
Que closait ce baiser guetté des deux
A l'heure de joie ;
J'ai trouvé qu'elle était moins belle
Qu'alors et, lui, semblait plus sot
— Qu'importe d'eux ?

D'autres fois, au long de l'orée,
C'est Laure qui marche, au bord, dans l'herbe

— Elle aimait cela —
Avec des fleurs en gerbe,
Et toute sa chevelure dorée
De ça, de là ;
Sa lèvre était éclose à toute abeille,
Malgré la gaîté triste d'Euphorion,
Mais telle toujours qu'il s'en émerveille.
Et nous riions
— Et je m'éveille....

Tout est bizarre, depuis longtemps, ici ;
On rêve en écoutant les choses
A mainte chose ignorée ;
Souvent j'ai ri d'un rêve que j'ai saisi
Ainsi qu'un oiseau pris au rêts,
Et des choses qu'on dit les lèvres closes
Et qu'à soi seul en musant on raconte....

Un jour que je ramassais des chataignes,
Les lançant, une à une, au sac (car je les compte,
Parlant en moi, avant de le lier)
Ils sont passés en riant près de moi,
Au chemin creux du val,
Des rubans flottants jaunes et roses,
Et deux sur chaque cheval,
Avec des voix si soudaines

Que je pris peur et comme honte
Et me suis couché dans le hallier,
Coit,
Et tout mon souffle oppressé,
Comme si je volais
Des chataignes.

Et puis, quand je les appelais,
Ils avaient passé.

Flavie,
   Je l'ai revue, un soir,
Près de la source où je vais boire au soir
Depuis de longs vieux jours de vie
Menant mes porcs ;
Elle s'est penchée à boire à sa main en coupe ;
Je n'osai lui parler, songeant aux jours d'alors ;
Mais comme je lui dis : Flavie !
Parlant de l'autre vie,
De Marc et Lise et de la troupe,
De ce qu'ils diraient en me voyant là
Avec mes pourceaux et mon vêtement
Et mon épieu pour toutes armes,
Elle me regarda si tristement
Que je sentis de chaudes larmes :
O pauvre cœur, dit-elle et s'en alla.

Souvent, toute une nuit, j'ai songé à cela.

Et quand, là-bas, au crépuscule pâle,
Se fonce l'horizon extrême,
Comme un fer hors du feu, du rouge au bleu de nuit,
J'aime,
Fermant les yeux, dire: C'est aujourd'hui !
Tourné vers quelque vieil hier de vie enfuie ;
Mais je n'ai plus un souvenir:
Tout rêve que je fais s'anime et parle
Au point que c'est toujours un avenir
Et que je vais me rappelant
Ce qui aurait dû être
— Moi, plus doux et Flavie,
Moins vaine et moins galant,
Euphorion et Marc, plus homme
Et Lise, telle et Laure, ainsi, peut-être...
Et je les nomme.....

Pourtant, j'aurais voulu leur dire,
Que rien n'est triste en l'ombre de mes chênes,
Que tout, hors la forêt, est pire
Que je ne suis pas seul, voyant des yeux,
Parmi les feuilles où bruissent ses traînes,
Flavie, ou qui je veux,
Sans un reproche ;

Et, pour avoir posé ma tête emmi les mousses
Et regardé l'azur qui semble proche
Entre les branches rosés de jeunes pousses,
— Deux pierres froides à mes poignets de fièvres —
Je puis leur dire, sachant les en griser,
Que toute la douceur de leur baiser
Fleurit et chante ici mieux qu'à leurs lèvres.

Je leur dirai,
Que rien ne pleure, ici,
Et que le vent d'automne, aussi,
Lui qu'on croit triste, est un hymme d'espoir ;
Je leur dirai
Que rien n'est triste, ici, matin et soir,
Si non, au loin,
Lorsque Novembre bruit aux branches
Poussant les feuilles au long des sentes blanches
— Elles fuient, il les relance
Jusqu'à ce qu'elles tombent lasses,
Alors il passe et rit —
Que rien n'est triste, ici,
Si non, au loin, sur l'autre côte,
Monotone comme un sonnant la même note,
Le heurt des hâches brandi tout un jour,
Pesant et sourd.

J'aurais voulu leur dire
Que toute tristesse est au regard triste

De leurs yeux qui ne savent lire
Ce livre-ci où tout Verbe persiste
Muable et même et tel qu'on peut mourir

En rêve et croire reverdir
Et monter comme un chêne ainsi qu'on vit
Ces vieillards d'autrefois — comme il est dit —
Et celui qui sait lire
Ta page ouverte,

Forêt verte!
Sourit au bout...

Et je voudrais leur dire
Que je ne suis pas fou.

EURYTHMIE

Ta main posée est comme un fruit sur cette branche,
Ainsi que d'un fruit clair j'ai soif de ta main blanche;
La forêt d'ombre fleure et la nuit s'effarouche
Du mois des lys fleuris et des lèvres offertes,
— O sourire posé parmi les feuilles vertes ! –
Reine, j'ai faim d'un baiser de ta bouche...

Car ton souffle effleure et passe
En une aube d'âme adolescente
Tel, que, pour la vie, elle erre jamais lasse
Vers l'espoir du baiser que ta pitié consente,
Hébé de la douleur épanchée en dictame,
Impériale amour des âmes qui vont seules,
O clair voile ourdi d'ombre où rayonne la trame,
Frémissante envergure de cygne,
O toi qui dans les plis de ton voile enlinceules
Le fiancé de joie élu d'un sort insigne...»

« Te voici, comme au soir de ta première extase,
Triste du vin de ma beauté;
Je t'ai donné tout l'or de l'héritage,
Tout l'or jaloux de la parole,
Et te voici, pleurant vers moi ta pauvreté;
La vie a coulé comme un fleuve, sept années,

Et tu m'apportes, comme en la parabole,
Les trésors de clartés que je t'avais données
Lourds encor de la terre où tu les enfouis
Pour que tes lâches yeux ne fussent éblouis
 Aux rayons du symbole;
Je t'ai vêtu d'espoir et couronné d'été,
 Qui viens traînant vers moi ta nudité,
Tout ton cœur obscurci de doute sensuel;
Sur l'aigle devant toi brûlait au rituel
Le verbe de ma joie, et tu n'as pas chanté !

Vois: à ta soif tendue, ainsi qu'en une coupe,
 J'ai versé tout le vin des aurores mûries;
J'ai fait grandir sur toi, pour qu'à jamais tu pries,
La majesté des bois en sussurante voûte;
 J'ai semé le parvis des jeux de mon sourire,
 J'ai sommé les piliers de volutes pamprées
Et tendu d'arc en arc un vol de chœurs léger;
J'ai percé la futaie au treillis ouvragé
Du flamboîment de mes rosaces azurées
D'où tombent vers tes mains les rayons de ma lyre:

Le temple est tel que tout frisson converge et chante
Vers l'autel où j'ai mis ton âme devant toi,
Et tel, que tout l'amour de la terre vivante
Vibre jusqu'en ta voix pour chanter jusqu'à moi;

Si sur toi l'ombre lourde épaissit sa ténèbre,
Sanglote vers ailleurs tes peurs excruciées;
Si le doute, assoiffant tes soifs insatiées,
Emplit ta coupe vide aux leurres de l'opprobre,
Que puis-je encor pour toi ? marche: tu t'es fait libre;
Tourne ailleurs ta plainte qui m'insulte,
Ton seul désir du vœu de mon culte t'allège;
Sors du temple en deuil d'un sacrilège,
  Vers le fantôme que tu rêves suivre
Va, tu es libre: exulte...

Au carrefour du doute,
Choisis; voici la route:
Prends la haine et l'orgueil en tes mains
— L'Epée et le Bouclier —
Va façonnant tes lendemains
De l'heure dont te voici maître,
Et sois celui que tu veux être;
Sors vers la bataille rangée,
Tente à l'injure et tue ayant tenté:
L'injure est douce que l'on a vengée
  Et le jour ne revaut que ce qu'il a coûté;
Au soir il fera bon avoir vécu
La vie épique en épopée;
Va, prends l'orgueil, ton écu,
Et prends la haine, ton épée;

Sors vers la Vie où la victoire rit
Au vaillant dont le glaive a dissipé le songe;
Parle haut: on n'écoute qu'un cri;
Dresse toi, que ton ombre s'allonge !... »

« O folie évoquée en les gloires !
    Des fanfares sonnent au creux val des batailles;
L'orgue en la nuit pleure d'hymnes expiatoires;
Et le peuple acclame du faîte des murailles
Le vainqueur éventé de l'aîle des victoires.

Un matelot chanté
Une complainte d'outre mer;
Un pâtre se redit le nom du conquérant;
— Il pleut; il vente —
Loin, dans le crépuscule clair,
Chevauche au val un chevalier errant.

Des voix se mêlent dans l'ombre
Sans réponse aux lointains des mémoires;
Le bruit se perd de pas sans nombre
Aux cathédrales des histoires;
Les grilles du chœur grincent dans l'ombre;
Le passé ferme ses ailes noires...

Est-ce le rêve de tes gloires ?... »

« Voici ton chemin: chemine
Au gré de la laie, au hasard du sentier,
Laisse ou cueille la flamme à l'églantier
Selon que la brise l'incline;
Et selon les dires de ceux qui vont
Parle, prie et chante en chemin;
A d'autres redis ce que d'autres diront;
Laisse courir ceux-là qui courront
Et tarder ceux qui s'attarderont,
Fais route d'un pas ni lent ni prompt;
Et Dieu pourvoie au lendemain... »

« Un troupeau retourne en le crépuscule;
Des voix s'entendent, chères et banales;
La fumée aux chaumes monte en spirales;
La paix bénie en la nuit circule;
— Et robes des fêtes sont robes des deuils;
L'espoir naïf et la foi crédule —
En la pénombre aux pâleurs vespérales
On chante, au pas des seuils...
Est-ce le chant de tes nuits fatales ?
Est-ce la paix de tes orgueils ?... »

« Viens par ici, viens,
        Hors de l'acte, au loin du rêve;
Meurs, dès ce soir, ton heure brève;
Ne projette, ni te souviens;
— La vie est étrangère et folle,
Future ou présente ou passée —
Etouffe au silence la parole,
Epargne le son de tes pas
Et le bruit vain de ta pensée;
Ne veuille pas, ne rêve pas;
Aveugle toi d'immensité;
Résorbe au Tout ta vaine vanité
Et tais la joie afin que dorment les douleurs... »

« Épargne mon âme meurtrie;
        Je sais la douce douleur de ta raillerie:
Si se tarissait le vieux flot des pleurs
La rose du rire en serait flétrie
— Je n'ai pleuré qu'en l'ombre de mes soirs meilleurs —
La vie est bonne en les douces fleurs,
Mais la vie est sainte en la ronce fleurie
Qu'on cueille aux cueilles de ta prairie;

Nul appel ne me somme à la bourbe des sentes
Ni vers la poussière des chevauchées ;
Est-il rien en moi que tu ne pressentes,
Reine des plaines infauchées ?
Je n'ai désir que vers tes mains compatissantes
Et que vers l'ombre à tes doux pieds couchée :

Sur mon âme penchée
—Source d'aube où s'effeuilla ton rire—
Tu t'es mirée à jamais,
Si que j'ai gardé sur mon âme
L'ombre de ton sourire, pour jamais,
—Flottante ombre de palme—
Toi qui mêles joie et douleur en ton rire,
Sagesse et folie en ton rire d'aube,
Tu passais en un parfum de myrrhe
Et tout Mai s'effeuillait dans le pli de ta robe :
« Chante à l'écho qui rira la réplique »
—Et tu riais en l'aube—
« Car rien n'est dit qui ne reste à dire »
—Et tout Mai s'effeuillait dans le pli de ta robe—

Je t'aimai d'un amour de musique
Au luth enguirlandé de jasmin,
D'un amour de fidèle et de prêtre
Qui s'éperd en cantique

Dès hier jusqu'en demain ;
Et tant je t'ai doucement nommée
Que d'un amour un autre vint à naître,
Que mon amour et toi n'étiez qu'un être
Et la chanson d'amour se fit l'aimée ;
J'ai péché pour t'avoir trop doucement nommée...

Il s'accumule en nos mémoires mornes
Trop de verbeuses vaines chansons mortes ;
Nous avons lu la route à trop de bornes,
Demandé le chemin à trop de portes ;
Je veux la rose, ô Reine, dont tu t'ornes,
Je veux le lys, que dans ta main tu portes.

O seule qui reconfortes,
T'ai-je dit la nuit d'épreuve ?
Où l'aile est lasse et traîne entravant l'ange,
Où l'astre est tombé comme un météore
Vers l'aube étrange,
Où j'ai senti la solitude
De vivre selon toi dans l'aube sans aurore ?
Ah ! j'eusse aimé ta solitude
Quand ne devrait pâlir ton aube neuve...

Reine, j'ai soif du clair vin de ta certitude !... »

« Doux, étrangement doux, d'un crépuscule éclos,
        Telle l'étoile claire aux branches des saulaies;
Mélodieusement doux, comme des vallées
Monte, à l'aube idyllique, un rêve de sanglots;
Doux ainsi que, rumeurs des oublis et des flots,
La nuit s'apaise au loin des mers d'ombres dallées,
Et si doux que se tait le heurt de leurs mêlées
Et que toute âme écoute, assise, et les yeux clos,
— Entends-tu l'hosanna d'hymnes inégalées ?

Eparse en toi sens-tu l'aurore de demain,
Sang de gloire, affluer au cœur qui bat ta vie ?
Tendu vers toi de l'ombre où ton espoir dévie
Sens-tu le pommeau froid d'un glaive dans ta main ?
Le Temps sur tous chemins passe comme un fantôme:
Repousse au loin le glaive improbe au pommeau froid
Et vers l'empourprement auroral du dôme
Chante l'hymne d'amour qui pleure au fond de toi;
Que, sans la redresser, ta taille les domine:
Ta voix simple dira quelque chant inoui,
Car ma certitude sur toi s'incline
Et l'amour de l'amour t'éblouit !

Rien ne prévaut que ma gloire,
Rien n'abrite que l'ombre de mon amour;

Aux uns la vanteuse victoire,
Aux uns le songe au silence sourd,
Mais au seul que j'aime est dévolu
Le poème de Vie:
Le vainqueur est ton geste et le saint ta pensée;
Car ma gloire, ainsi que je l'ai voulu,
En rythmes lente ou pressée
Evolue et dévie;

Au Poème simple,
Ainsi qu'en la forêt à l'aube,
Le rythme circule clair et ample,
Comme aux plis de ma robe,
Comme aux circuits de mon onde souple;

Une voix sonne dès les hiers vers les demains:
Un prêtre parle sur la foule indifférente;
Une mère sourit la sagesse en mots vains;
Un messager redit la parole pressée;
Des soirs aux matins,
Claire ou sourde, jamais muette,
Vibrante, de mains en mains passée
La lyre chante,
De poète en poète
—Hymne en le vent d'espoir vers l'avenir chassée;

Marches, retours et pauses —
Le chœur des métamorphoses
Trace mes gloires consommées ;
Et c'est le sourire des roses
Et c'est la voix des ramées
Et c'est l'âme des choses,
Que ton âme a bien aimées.

Dans mon verger de Mai — je te l'avais dit — —
Dans mon verger de Mai toute rose rit,
Le soleil perle en pleurs aux pétales,
Une branche balance une chanson de nid,
La douceur s'éperd des senteurs matinales ;

Dans mon vallon de Mai tout arum s'étire,
Le soleil s'aveugle au miroir mobile,
Un ruisseau roule un rêve en son rire,
Une araignée en les roseaux file,
Un oiseau se mire ;

Sous ma forêt de Mai fleure tout chevrefeuille,
Le soleil goutte en or par l'ombre grasse,
Un chevreuil bruit dans les feuilles qu'il cueille,
La brise en la frise des bouleaux passe,
De feuille en feuille ;

Par ma plaine de Mai toute herbe s'argente,
Le soleil y luit comme au jeu des épées,
Une abeille vibre aux muguets de la sente
Des hautes fleurs vers le ru groupées,
La brise en la frise des frênes chante... »

« Reine, ton regard est le monde même :
Il n'est qu'une rose incomparée.
La rose d'amour et de tout poème,
La rose que ton regard a créée ;

Il n'est qu'une abeille en l'or du matin,
Il n'est qu'un oiseau sur la branche qui ploie,
Il n'est qu'un seul long rêve enfantin,
O mère, qu'on rêve en ta sainte joie ;

O rayonnement intense et prodigue,
Eclair que tu souris de chose en chose,
Sous le jour joyeux de ta gloire limpide ;
Il n'est qu'une Abeille, un Oiseau, qu'une Rose !

En les lents accords indéfinis
—Harmonique chaîne que tendit l'aube,
Cordes de l'orphique lyre de Vie—
Passe et repasse la chanson des nids
—Trame de joie ourdissant ta robe
De l'Avril en l'Avril, Eurythmie :

Vêtue en l'éphémère merveille,
Ceinte du chant rayonnant de ta grâce
Que dorent les lys en leur baiser chaste
De poussière ardente,
Sème en pluie au matin tout l'oubli de sa veille
Pour que fleurisse et fleure la Fleur qui Chante.

Quelle aile bat comme un cœur en joie ?
Quel semis de lys au ciel poudroie ?
Quel parfum clair comme un vol s'éploie ?
Reine, en quel rêve m'as-tu paré ? »

Les bruissements de la forêt

Nous avons espéré, nous avons espéré.

Voix lointaines

La ténèbre s'appesantit
D'un poids d'heures incalculé;
La vie impure en a menti
Et stagne dès l'Eden des sources reculé
Jusque dans l'avenir éxaspéré,
— Il n'est plus d'ultime Thulé —

Les bruissements de la forêt

Dès une éternité nous avons espéré.

Voix lointaines

L'homme se voûte d'âge,
Haineux de n'être plus son propre dieu :

Et marche tremblant en son peu de rage,
Et de son peu d'amour se fait un jeu;
Vain pourtant pour s'être à soi comparé
— L'orgueil est peu —

> *Les bruissements de la forêt*

Dès une éternité nous avons espéré.

> *Voix plus lointaines*

L'ivresse est triste et ricane
La vision se voile d'ombre, aussi;
L'Etendard, fleur de gloire,
Sur sa hampe pend et se fane;
Le Pain, au ciboire lépreux, s'est moisi;
Le Vin des siècles s'est évaporé
— La nuit est noire —

> *Les bruissements de la forêt*

Dès une éternité nous avons espéré.

ENVOI

De ma fenêtre haute ouverte sur la Vie
Nous avons regardé des heures et des jours,
S'éployer l'éventail des routes où dévie,
Débordante, la houle ivre des carrefours:

Sans choix, dans la poussée insciente qui vire
Et selon les hasards de la vague et du flux,
Ils sont jetés au vert chemin d'ombre et de rire
Ou sur la route aride où l'on ne pleure plus;

Et jusqu'à nous montait comme une voix qui somme,
Comme l'éveil quotidien du vieux souci
Et la loi qui dirait: « Toi, la Femme et toi, l'Homme,
Quittez l'orgueil des cœurs, vous êtes de ceux-ci. »

Le peuple, douloureux, crédule à tous prodiges,
A marché vers la mort avec des chants de gloire,
Mais la gloire est mortelle et passe sans vestiges
Et la défaite est née au soir de la victoire;

Comme un appel fatal de honte solidaire,
Rumeurs des bourgs, heurts des marteaux, cris des
clairons,
La vie humaine en notre rêve solitaire
Vibrait comme un regret de ce que nous pleurons;

L'orgueil ivre titube aux hasards — bourbe et fange —
Ceux qui marchaient devant aux ténèbres bravées
S'arrêtent, croyant voir blanchir en l'aube étrange
La Révélation avec ses mains levées...

ACHEVÉ D'IMPRIMER LE 18 MARS 1891

Pour le compte des *Entretiens Politiques et Littéraires*

par

A.-M. BEAUDELOT

Imprimeur, 16, rue de Verneuil. PARIS